O 113º livro do autor das séries "OLYMPUS" E "EROTIQUE"

NOS OLHOS DE UM POEMA

MARCOS AVELINO MARTINS

NOS OLHOS DE UM POEMA

TEXTOS, REVISÃO, PROJETO GRÁFICO, DIAGRAMAÇÃO E CAPA:

MARCOS AVELINO MARTINS
(cygnusinfo@gmail.com)

IMAGEM DA CAPA: https://pixabay.com/portrait-2774307

(imagem do Pixabay por Stefan Keller)

Copyright © 2022 by Marcos Avelino Martins

M386

Martins, Marcos Avelino, 1953 -
    Nos olhos de um poema / Marcos Avelino Martins – Goiânia-GO

Edição do autor, Setembro/2022
111 p.

ISBN: 978-65-00-53571-6

1. Literatura. 2.Poesia. I. Martins, Marcos Avelino. II. Título

CDU: 821.134.3(81)-1

Agradeço às inúmeras pessoas que contribuíram com histórias, postagens ou imagens que serviram de fonte de inspiração para alguns poemas desse livro.

<u>**NOS OLHOS DE UM POEMA**</u>

Versos nascem

Por geração espontânea,

De repente surgidos ao acaso,

Em algum lugar da mente

De um desses loucos,

Que chamam por aí de poetas…

E essas frases soltas,

Frequentemente amalucadas

E quase sem sentido,

De repente ganham coragem,

Elevam-se pelos ares,

Contaminam nuvens,

Que se emocionam,

Derramando lágrimas,

Que descem do céu,

E seu pranto emocionado

Molha as calçadas,

Invade as avenidas,

Refrescando o calor causticante,
E derrete-se com o Sol,
Mas subitamente ressuscita,

Metamorfoseado,
Exibindo todo o fulgor da vida,
Nos olhos de um poema...

Vídeo relacionado: **Il Volo & Paula Fernandes - Grande amore**
https://www.youtube.com/watch?v=GdIvBraI8TY

HISTÓRIAS SEM PONTO FINAL

Algumas histórias de amor que conto
Ficaram somente no prefácio,
Não passaram de um triste conto,
E jamais chegaram a um palácio,
Pois morreram numa simples choupana,
Sem um enredo que valesse a pena,
E não mereceram qualquer filigrana,
Por isto, de minha mente saíram de cena...

Algumas dessas histórias sem rumo
Talvez merecessem um segundo capítulo,
Mas não se tornaram um sonho de consumo,
E sequer ganharam um simples título,
Pois foram abortadas no nascedouro,
Jamais cresceram até chegar à maturidade,
Não passaram de latão sem um traço de ouro,
Jamais destinadas a ficarem na eternidade...

Nessas histórias que narro sem citar nenhum nome,
Alguns personagens jamais disseram sequer uma frase,
E não merecem que sua história triste retome,
Pois no jogo a que pertencem, nunca passei de fase,
Não passaram de figuras que ficaram pelo caminho,
Sem dizerem sequer uma declaração que fizesse sentido,
Histórias indignas de figurarem num pergaminho,
Que se perderam na noite de um passado esquecido...

Vídeo relacionado: **Marmalade - Reflections of my life**
https://www.youtube.com/watch?v=immj7L2o2YU

<u>ARTE</u>

Inspiração
É a arte
De converter
O Nada
Em Poesia

Vídeo relacionado: **Raven L. Snow - I am**
https://www.youtube.com/watch?v=ps-qR5522Ms

<u>UMA NOVA CHANCE</u>

Naquela noite, há tantos anos,

Peguei pesado demais com você,

E acusei-a de coisas pesadas

Das quais não tinha certeza,

E fui longe demais,

Mas naquela festa

Havíamos bebido muito,

E o uísque é inimigo do juízo!

Quando percebi que fora longe demais,

Eu lhe pedi perdão,

E você apenas respondeu

Que palavras proferidas não voltam atrás,

Virou as costas e foi embora,

Em direção ao estacionamento...

Fui atrás de você, mas seu olhar acusatório

Disse-me tudo que eu precisava saber,

E de novo eu lhe pedi perdão,

Com uma imensa tristeza no olhar,

E deixei que fosse embora,

Porque eu mesmo não me perdoaria!

Nunca mais nos vimos,

Nem tentamos entrar em contato,

Nenhuma mensagem nem telefonema,

Até nesta noite,

Em que nos encontramos por acaso,

Numa outra festa,

Mas desta vez, estou bastante sóbrio,

E noto quando olha em minha direção,

Faz algum comentário

Com a amiga com a qual conversava,

E quando ela também me olha,

Percebo que disse a ela algo sobre mim...

Causa-me um enorme impacto

Ver que você está ainda mais linda,

Como se isto fosse mesmo possível,

E conformo-me menos ainda por tê-la perdido!

Aceno para você, mas não me aproximo,

Até o instante em que a sua amiga

Afasta-se para pegar uma bebida,

E só então eu vou cumprimentá-la,

Estendo-lhe a mão e você a aperta com força,

O que me dá um pequeno sinal

De que talvez o tempo tenha curado as feridas,

Como às vezes acontece...

E então, eu lhe peço perdão de novo

Pelo que aconteceu naquela noite,

E você apenas me responde,

Com um olhar cheio de possíveis interpretações:

"E você, por acaso já se perdoou?",

Sou sincero, e olhando firme em seus olhos,

Eu lhe respondo que não,

E que nunca me perdoaria pelo que lhe disse,

E confesso que mil vezes eu me amaldiçoei

Por tê-la perdido, só porque bebera demais,

Tanto que agora, cortara o álcool,

Que jamais me faria de novo ofender quem amava!

Percebo o efeito que essa frase lhe causou,

Noto que, por alguns instantes, parece desarmada,

E então, você apenas me sorri,

E diz que talvez já fosse tempo

Para que eu me perdoasse,

Pois talvez, apenas talvez,

Só então você também me perdoasse...

Chego mais perto, dou-lhe um abraço,

E você retribui, apertando-me mais ainda,

Afasto-me, encaro-a bem de perto e pergunto:

"E agora, o que faremos?".

E você me responde com um beijo na boca,

De leve, como se avaliasse

O impacto que isto me causaria,

Mas aquele beijo foi como um terremoto,

Que abalou todas as minhas estruturas,

E você percebe, ainda apertada junto a meu corpo,

O quanto ainda estou a fim de você,

E dá-me um outro beijo!

Sentamo-nos em sua mesa,

E aqueles beijos dão várias crias,

Nos intervalos entre nossa conversa,

Depois da qual chegamos à conclusão

De que talvez Deus tenha nos conduzido para esta festa

Para nos conceder, em nome do amor, uma nova chance

Para jamais machucarmos de novo um ao outro...

Vídeo relacionado: **Chantal Chamberland - Besame mucho**
https://www.youtube.com/watch?v=4dJUBbM0hR8

NARRATIVAS

Meu destino parece ser contar
Sempre alguma história triste
Cuja narrativa me consome
Sobre alguém que uma vez partiu

Sem nunca mais um dia retornar
Ou que já narro com algum despiste
E sem jamais revelar algum nome
De pessoas com um destino vil

Cuja vida foi tão desperdiçada
Aguardando com os seus olhos fixos
No cais onde alguém um dia zarpou

Chegar o dia alegre de sua chegada
Rezando com surrados crucifixos
Esperando alguém que jamais voltou

Vídeo relacionado: **Nikolaj Grandjean - Story to story**
http://www.youtube.com/watch?v=4ZVN0JcFHMI

UM RIO

O tempo é como um rio,

Esguio,

Inexorável,

Implacável,

Arrastando em seu percurso,

Sem desviar o seu curso,

Mescladas em suas águas,

Dores e mágoas,

Que se misturam,

E para sempre duram,

Destruindo nossas certezas,

Perdidas em suas correntezas,

E deixando em seu destino final

Apenas frangalhos de nossa alma imortal...

Vídeo relacionado:**David Gates - If**

https://www.youtube.com/watch?v=oVxCLAJpcLk

<u>UMA PROMESSA</u>

Prometi a ela que jamais a deixaria,

E cumpri a promessa,

Pois foi ela quem me deixou,

E é assim que começa

A história que pensei que jamais contaria,

Sobre o triste dia em que o mundo acabou,

Em uma palavra, de cinco letras apenas,

Que carrega consigo todo um rosário

De promessas nunca cumpridas,

Que foram jogadas numa fogueira,

Depois de tantas inesquecíveis cenas,

E aquele amor, que parecia tão extraordinário,

Pouco a pouco se apagou de nossas vidas,

Deixando em seu lugar uma tristeza derradeira,

Pois nossos vistos um para o outro venceram,

E o que parecia tão forte, mostrou-se frágil,

A muralha que construímos, súbito desabou,

Os laços que nos ligavam se romperam,

Nada sobreviveu àquele naufrágio,
No sombrio dia em que nosso fogo apagou...

Video relacionado: **Angela Ro-Ro - Fogueira**
https://www.youtube.com/watch?v=TpADUKfsEAY

<u>AS ENGRENAGENS</u>

Na época do primeiro amor,
Intenso, puro, arrebatador,
Eu era inseguro e tão jovem,
Do mundo ainda nada entendia,

Assim como de amor ou de Poesia,
De como as engrenagens se movem,
E hoje, já tantos anos passados,
Tantos lindos sonhos abandonados,

Nessas rugas que vejo em meu rosto,
No desânimo sem fim nele exposto,
Tento agora apenas compreender

As coisas que não consigo entender
Sobre as ações desse ser tão profano,
Que se chama por aí de ser humano...

Vídeo relacionado: **John Lennon - Watching the wheels**
https://www.youtube.com/watch?v=PxVLzIq-aP8

<u>VIAGEM INTERROMPIDA</u>

Chegamos ao fim da viagem,
Mesmo antes de chegar ao destino final,
Nada a declarar na bagagem,
Como se fosse um acontecimento banal.

Empilharam-se malas antigas,
Cheias de tristes recordações,
Entoaram-se algumas doces cantigas,
Que habitavam nossos velhos corações.

Jogaram-se fora cartas rasgadas,
Que contavam histórias esquecidas,
Com palavras pelo tempo desbotadas,
Como acontece às viagens interrompidas.

Descartaram-se antigos bilhetes vencidos,
Assim como cada perdida ilusão,

Despedimo-nos com olhares esmaecidos,
E nunca mais voltamos à derradeira estação...

Vídeo relacionado: **Earl Grant - The end**
https://youtube.com/watch?v=EFDXOdIwPss

<u>MÍNIMOS DETALHES</u>

Não sei por que,

Lembro-me ainda, às vezes,

De mínimos detalhes

De nós dois, eu e você,

Apaixonados há apenas alguns meses,

Quando o amor era a cura para todos os males,

Naqueles dias felizes,

Antes do tempo deixar cicatrizes

Sobre nossos corpos cansados,

Pelas décadas enrugados,

Cheios de marcas e memórias,

Algumas alegres, umas nem tanto,

Outras apenas velhas histórias,

Pois agora, que já perdemos quase todo o encanto,

E restou somente o cansaço

Em nossos olhos saudosos,

Pensando na vida e em seu estranho bailado,

No que nos resta de tempo, cada vez mais escasso,

Nossas mentes navegam nos mares do passado,
A relembrar tantos momentos maravilhosos...

Vídeo relacionado: **Roberto Carlos - Detalhes**
https://www.youtube.com/watch?v=70OpKGAVo_M

<u>VIVA A VIDA!</u>

Eu te conheci num passeio de barco,
E imediatamente começamos um cerco...
À noite, fomos assistir a um circo,
Depois, eu te levei para comer carne de porco,
Em um exótico restaurante turco!

Mas nem só a minha carne é fraca,
E descobri que és levada da breca,
E que a atração entre nós nem Freud explica,
Pois surtaste ao te dar um beijo na boca,
E te arrepiaste, quando beijei tua nuca!

E momentos depois, com nós dois numa cama,
Aquela transa parecia uma sessão de cinema,
Cada instante era um que ficava por cima,
Deixaste-me louco, ao sentir teu íntimo aroma,
E te suguei até a última gota, não restou nenhuma!

E ao final daquela noite de um sábado enluarado,
Acabei por te confessar um grande segredo:
Fui irremediavelmente flechado por Cupido,
E descobri que nós dois formávamos um todo,
E que virei eterno escravo de teus lábios de veludo...

Vídeo relacionado: **Chantal Chamberland - Beautiful life**
https://www.youtube.com/watch?v=Z7D5T5SZkPo

REMENDADO

Por fora, pareço inteiro,
Mas por dentro, estou remendado,
Cheio de retalhos
E coberto de cicatrizes!

Quem me vê assim galhofeiro,
Nem imagina como estou angustiado,
Com o coração em frangalhos,
Longe de meus momentos felizes!

Se, aparentemente, na superfície
Felicidade ainda expresso,
É porque minha tristeza disfarço,
Embutindo-a em mim, bem profundo!

Mas a verdade que nunca lhe disse,
E que nem a mim mesmo confesso,

É que afoguei nas águas de Março
Todas as tristezas que havia no mundo...

Vídeo relacionado: **Taiguara - Dia 5**
https://www.youtube.com/watch?v=qG-sMzb8d54

<u>ETERNO DILEMA</u>

Vivo num eterno dilema:
Escrever mais um trecho de meu primeiro romance,
Ou um novo poema?
E, num relance,
Uma nova inspiração desponta,
Uma nova ideia em minha mente cresceu,
E antes que eu sequer me dê conta,
Um novo poema nasceu...
E o romance vai ficando por aí esquecido,
Salvo por alguma nova ideia que me ilumine,
Gerando um novo capítulo que faça sentido,
Até que um dia eu o termine...

Vídeo relacionado: **Oswaldo Montenegro - Voar leve**
https://www.youtube.com/watch?v=_AdUzv6HAkY

<u>DEGRADAÇÃO</u>

Algumas pessoas são tão degradantes

Que chamá-las de cocô do cavalo de um bandido,

Longe de ser xingamento,

Chega a ser quase um elogio,

Entre eles a maioria dos políticos,

E alguns juristas que se acham os maiorais

Só porque usam um traje preto esquisito,

Que virou sinônimo de degradação,

Com suas maneiras rebuscadamente afetadas,

Tentando mostrar um saber notório que não possuem,

Com suas sentenças cheias de palavras obscuras,

Assim como suas almas negras,

Destinadas desde sempre ao inferno...

Vídeo relacionado: **Paul Anka - This crazy world**
https://www.youtube.com/watch?v=ThgOcG1V7XI

<u>DESDE AQUELA NOITE</u>

Desde aquela noite sem fim

Em que se misturaram

Nossos fluidos bucais e corporais,

Nossas almas se emaranharam,

Seu gosto se entranhou em mim,

E não saiu nunca mais...

Vídeo relacionado: **Bangles - Eternal flame**
<u>**https://www.youtube.com/watch?v=Vl3F4IRrLU4**</u>

POUCOS SONHOS

Os sonhos que me restaram,
Depois que os anos passaram,
São agora bem poucos,
E não tão loucos!

Nada de panfletos libertários,
Ou de ETs imaginários,
Nada de novas paixões,
Que deixem de herança perdidas ilusões...

Contento-me com momentos felizes,
Que não deixem tantas cicatrizes,
Para que ganhar o Nobel de Literatura,
Se ter tanta inspiração já é uma ventura?

Não tenho os necessários requisitos,
E deixei de lado esses sonhos esquisitos,

Pois não sou de esquerda, nem de alguma minoria,
Mesmo que, hoje e sempre, respire Poesia...

Vídeo relacionado: **Gloria Estefan - Con los años que me quedan**
https://www.youtube.com/watch?v=l6LjNOYvhMk

PELOS CANAIS DE VENEZA

Quem sabe, amanhã
Provavelmente eu já não esteja aqui,
Posso ter ido para Aruanã
Fisgar um infeliz tambaqui,
Ou talvez esteja em Veneza,
Navegando por seus lindos canais,
Fugindo da sua beleza,
Da qual não me esqueço jamais,
Ou quem sabe tenha ido para Dacar,
Para assistir o famoso Rally,
Lembrando-me do seu olhar,
Lindo como uma tela de Dalí.
Posso ter ido para Manaus
Fazer compras na Zona Franca,
Sob um calor de quase 50 graus,
A relembrar da maciez de sua pele branca,
Talvez eu tenha ido para Paris,
E, tomando um drinque ao lado da Torre Eiffel,

Esteja me lembrando do remelexo de seus quadris,
Que me levavam para bem perto do céu.
Ou então, posso estar passeando na Holanda,
Visitando os seus famosos moinhos,
Lembrando de você, nua na minha varanda,
Enquanto me enchia de devassos carinhos,
Ou talvez esteja mais perto do que você pensa,
Em frente à sua porta, com o dedo na campainha,
Para lhe contar da minha paixão imensa,
E confessar que não existe saudade maior do que a
minha...

Vídeo relacionado: **Charles Aznavour – Que c'est triste Venise**
https://www.youtube.com/watch?v=9nXKnQnakBY

POLOS CONTRÁRIOS?

Nós dois somos polos contrários,
Um aponta para o Sul,
O outro, para o Norte,
Se éramos fadados a sermos adversários,
Fui hipnotizado por teu olhar azul,
E aprendi a agradecer pela minha sorte,
Pois, mesmo sendo tão diferentes,
Gostando de tantas coisas opostas,
Adoro essas tuas taras indecentes,
Quando roças em meu peito tuas costas!
E em cada encontro cheio de paixão,
Em que nossos corpos de beijos abusam,
Invento para ti uma nova canção,
Sobre teus lábios que nada me recusam...

Vídeo relacionado: **Pink Floyd - Poles apart**
https://www.youtube.com/watch?v=9UULJAQsOrs

<u>CAMAS SEPARADAS</u>

Nossas camas se separaram,
Não mais corpos sobrepostos nos espelhos,
Nunca mais beijos e juras,
Nossos caminhos para sempre se desencontraram,
Não mais pedirei seus conselhos,
Para orientar algumas decisões obscuras...

Talvez assim tenha sido melhor,
Mas sentirei falta de seus abraços
E de seu corpo ardente,
Do qual conheço os detalhes de cor,
Nunca mais seus carinhos devassos,
Que arquivei num lugar secreto da mente...

Desejo que seja feliz, mesmo de mim distante,
Que Deus lhe conceda toda a felicidade,
Que, por algum motivo, você perdeu.
Encontre a paz, nesse mundo delirante,

E deixe-me, em companhia da saudade,
Que ficou aqui, onde só havia você e eu...

Vídeo relacionado: **José Augusto - Separação**
https://www.youtube.com/watch?v=QpbtgVJ2ww0

<u>DESAMAR</u>

Quantas vezes eu lhe disse

Para não se apaixonar por mim,

Pois o amor é uma tolice,

Pois nesse filme de romance real,

No fim todos acabam perdendo,

Pois o amor termina,

Deixando para trás corações destroçados?

E agora, você vem

Com essa cara de sonsa,

Perguntando se eu, sábio poeta,

Por acaso sei como desamar alguém?

Pobre tola, que se deixou iludir

Por uma promessa que nem recebeu,

Muito pelo contrário,

Foi tenazmente avisada

Para não deixar isto acontecer...

Agora é tarde demais para arrependimentos,

Não adianta ficar me olhando assim,

Como se eu fosse algum mágico
Que tirasse coelhos de uma cartola
Que nem tenho!
Não ligo para seus olhares súplices,
Pois você foi avisada muitas vezes,
Para não deixar isto acontecer,
E lhe garanto, por experiência própria,
Que nenhum laboratório inventou essa fórmula,
E nem mesmo a Poesia ensina,
Em nenhum de seus bilhões de versos,
Como desamar alguém...

Vídeo relacionado: **Rockwell - Knife**
https://www.youtube.com/watch?v=-kY2Kif6OqE

DOSE DUPLA

Tomo uma dose dupla de uísque,

Esperando que alguém me belisque,

Para acordar desse pesadelo,

Em que o tempo embranqueceu meu cabelo,

E, mesmo que alguém me desanime,

Por xingar um corrupto que quer voltar à cena do crime,

Sigo em frente, em meu libelo solitário,

Para expurgar de vez por todas o ex-presidiário,

Soltando as suas bazófias sem graça,

Sempre com um copo cheio de cachaça,

Jurando que é apenas uma vítima das circunstâncias,

E mentindo que foi absolvido em todas as instâncias,

Mesmo que o mundo inteiro saiba que isto é mentira,

E todos os dias, aparece na TV, em discursos cheios de
ira,

Mas como confiar em alguém que o próprio dedo
decepe,

E só está solto porque alguém de toga o libertou, por um suposto erro de CEP?

Vídeo relacionado: **Dead Can Dance - The host of Seraphim**
https://www.youtube.com/watch?v=S3gNcntSCJQ

APENAS FÁBULAS

Esse tempo implacável

Espalha-me rugas

E destrói meus neurônios,

E de modo imperdoável,

Nas noites verdugas,

Atiça sobre mim os demônios,

Disfarçados de políticos,

Que me pedem votos,

Jurando que vão mudar o mundo,

Mas, com seus argumentos artríticos,

Convencem apenas os seus devotos,

Pobres inocentes que acreditam

Em suas fábulas sem sentido,

De que são diferentes de todo o resto,

Mas a verdade que nunca citam,

Nem mesmo em confissões ao pé do ouvido

É que não existe nenhum político honesto!

Vídeo relacionado: **Adriana Calcanhoto - Mentiras**
https://www.youtube.com/watch?v=PM-O-YIA2D8

<u>POR ALGUM MOTIVO</u>

Por algum tempo, eu te amei,
Mas parece que não fui correspondido,
Aos poucos, eu me desenganei,
Como um dique que se houvesse rompido!

Talvez eu não tenha me empenhado a fundo
Em conquistá-la em todos os dias,
Ou talvez, meu sentimento não fosse profundo,
E a tempestade afinal sucedeu as calmarias!

Talvez você não queira ser mais do que uma amiga,
E vivermos separados seja nosso destino,
E, quem sabe, por isto nosso caso não deu liga,
Mas já joguei minhas últimas fichas nesse cassino...

Compreendo que, por algum motivo, não deu certo,
O que parecia haver entre nós se perdeu,

Nunca mais fiz chover em seu deserto,
Nossa última noite jamais amanheceu...

Vídeo relacionado: **Il Volo - El reloj**
https://www.youtube.com/watch?v=n_EpRe-XcBs

UMA CORDA PRESTES A REBENTAR

Nossa relação trafega em zigue-zague,
De altos e baixos repleta,
Até que inevitavelmente o fogo se apague,
Consumindo-se de forma completa...

Quando tudo parece estar bem,
De repente, sem razão, você pira,
Olhando-me como se eu fosse ninguém,
Ou um alvo que em sua frente surgira!

Tenho a impressão de que você é bipolar,
Um dia no céu, outro no inferno,
Sua mente é uma corda prestes a rebentar,
Destruindo um amor que parecia eterno...

Não sei até quando poderei ignorar
Esse seu comportamento inconstante,

Ou ouvir esse adeus em seus lábios a bailar,
E que pode vir à tona em qualquer instante...

Vídeo relacionado: **Danilo Caymmi – O bem e o mal**
https://www.youtube.com/watch?v=ZQ9uZMlcCuI

<u>RETRATO PERVERSO</u>

Você me olha com espanto,
Como se eu fosse algum verso
Que perdeu todo o encanto,
Um retrato perverso
Da desilusão...
Eu lhe dou um sorriso,
Aperto sua mão,
E em seu rosto preciso,
Procuro um refúgio para a minha solidão,
Mas apenas encontro uma mistura de tédio
E de uma terrível decepção!
Em vez de remédio,
Só vislumbro um placebo,
Um retrato vencido do que você fora,
E com desespero percebo
Que seus sonhos morreram, de forma devastadora!
Nesse meu amargo regresso,
Descubro que um espectro tomou seu lugar,

E daquele fantasma do passado, eu me despeço,
E depois parto, para nunca mais retornar...

Vídeo relacionado: **Chico Buarque - Desencontro**
https://www.youtube.com/watch?v=HJ_GSvuEP_g

<u>CONSTRUINDO SONHOS</u>

Dedicamos nosso tempo útil

Construindo sonhos vãos,

Um passatempo inútil,

Enquanto a vida escorre

Através de nossas mãos,

Entre sonhos estranhos, mais uma noite morre,

E no intervalo entre pesadelos,

Com os olhos bem abertos,

Ouvimos fantasmas uivando,

E seu grito eriça-nos os cabelos,

E permanecemos despertos,

Enquanto a noite vai se esgotando...

Mas, na noite seguinte,

Enquanto desejamos algum sonho erótico,

Tudo volta à estaca zero

Esquecemos de todo aquele horror,

Mas os pesadelos voltam com todo requinte,

E comigo, ao despertar de outro sonho exótico,

Nos dedos da mão, um por um enumero
Cada um dos fantasmas da noite anterior...

Vídeo relacionado: **Celia Berk - I've been waiting all my life**
https://www.youtube.com/watch?v=EX6EaIfi-vQ

<u>UM PONTO FORA DA CURVA</u>

Nessa noite turva

E obscura

Que faz lá fora,

Nesse clima causticante

Em pleno inverno,

Um ponto fora da curva

Surge na noite escura,

E, na mesma hora,

Exatamente no mesmo instante,

Um verso foge de meu caderno,

Atrás de novas aventuras,

Ou de descobrir rimas estranhas,

Que juntas formem um poema,

E, solto no meio da noite abstrata,

Faz planos de se tornar eterno,

Narrando beijos e juras,

Paixões que corroem as entranhas,

Sexo selvagem numa transa suprema,
Entre amantes perdidos que o desejo resgata...

Vídeo relacionado: **Jean-Philippe Audin & Diego Modena - Implora**
https://www.youtube.com/watch?v=cO8huV8jQ2I

<u>MOMENTOS DE PRAZER</u>

O que nós dois temos

Não se explica

Em qualquer compêndio

Ou enciclopédia

Pois juntos fervemos

E isto não se publica

Pois pode propagar um incêndio

Esse nosso calor acima da média

E quando estamos juntos

O próprio tempo congela

Mas mesmo assim voa

E as horas passam num instante

Nossos corpos conjuntos

Formam a dupla mais bela

Nesse desejo que nos atordoa

E torna a espera ainda mais angustiante

Até a próxima vez em que nos juntemos

Nossos corpos formando um dueto

Entre os quais não cabe uma agulha

Minha boca na sua a se perder

Em momentos doces e supremos

Enquanto às suas taras malucas eu me submeto

E com seus gritos de êxtase você me orgulha

Nesses doces momentos de inebriante prazer

Vídeo relacionado: **Jose Luis Perales - Pensando em ti**
https://www.youtube.com/watch?v=seEJ4S_7Ouk

DEVOLVO

Devolvo o coração

Que você me emprestou,

Pois de nada me serve,

Assim tão machucado!

Você me jurou

Que esse coração era meu,

Mas era mentira,

Pois está todo estragado!

O que afinal eu iria fazer

Com um coração assim destruído,

Qual seria o propósito de aceitá-lo,

Depois que o vi todo arrombado?

Devolvo-o na mesma condição

Em que o recebi, de bom grado,

Espero que para alguma coisa lhe sirva,

Pois, para mim, só serviu para esconder no armário...

Vídeo relacionado: **Adriana Calcanhoto - Devolva-me**
https://www.youtube.com/watch?v=6QVC5IX8QPI

<u>AMORES NÃO CORRESPONDIDOS</u>

Quando se ama alguém,
Sonha-se com a recíproca,
E é lindo quando acontece,
Mas isto infelizmente é raro,
Porque de amor não se contamina...
Olhos compridos,
Sorrisos ignorados,
São o retrato mais usual
De amores não correspondidos,
Quando um olhar não dá liga,
Não provoca nada senão desprezo,
E costuma doer ser assim ignorado,
Quando a pessoa que se deseja
Nem nota que existimos,
E, a cada encontro casual,
Uma nova desilusão
Transpassa o coração solitário,
Que bate em total descompasso

Com aquele que se queria tocar!
E nessa orquestra de sons desarmônicos,
A letra é dissonante com a música,
O ritmo é desigual,
E não há arranjo que dê jeito
Na batida totalmente assíncrona
De corações para sempre descompassados...

Vídeo relacionado: **Doc Severinsen - The world's gone**
http://www.youtube.com/watch?v=ioXed31f7AQ

<u>EMBRIAGADOS</u>

Em nossos encontros, ficamos embriagados,
Mesmo sem ingerirmos nada alcoólico,
Mas o que fazer, se somos apaixonados,
E jamais tivemos um encontro bucólico?

Você liga, convidando para um programa,
Mas o final dele já é bem conhecido,
No fim da noite acabamos em uma cama,
E nada que desejarmos será proibido!

Trocamos, sem pudor, carinhos e ternura,
Em doces batalhas até raiar o dia,
Meus beijos com sofreguidão você procura,

Enquanto o espelho estupefato nos espia,
Ao final de tudo, amor você me jura,
Nós dois, encharcados de amor e Poesia...

Vídeo relacionado: **Fhernanda - Devassa**
https://www.youtube.com/watch?v=MBregoqx2-o

<u>SILENCIOSAMENTE</u>

Em silêncio, eu me despeço do amor,
Sem dizer uma palavra sequer,
E mergulho num limbo assustador,
Onde apenas a solidão me quer...

Vídeo relacionado: **Sarah McLachlan - Silence**
https://www.youtube.com/watch?v=e5S8yU9e8Mg

<u>CENSURADO</u>

Minha página do Facebook foi censurada,
Não posso postar vídeos de um certo canalha,
Que tem ódio na mente e a língua presa,
Assim como ele estava, antes de o soltarem!

A grande mídia, órfã de recursos públicos, foi cooptada,
Mas não importa, a Justiça tarda mas não falha,
E no fim dessa história, não vencerá a vilaneza,
Chegará o dia da quadrilha toda de novo encarcerarem!

Mas a guerra política foi deflagrada,
Dividiram o país em duas distintas correntes:
Uma é democrática, e carrega nossa bandeira em paz,
A outra, só quer anarquia e a volta das roubalheiras!

E nessa Pátria amada, por tanto tempo vilipendiada,
Os patifes querem a volta de seus roubos recorrentes,

Sob o comando de um maldito filho de Satanás,
Que só abre a boca para vociferar asneiras!!!

Vídeo relacionado: **Simon LeGrec - Lost senses**
https://www.youtube.com/watch?v=VE1JFBuc94U

<u>SOFRÊNCIA</u>

A sofrência está solta nas rádios,
Só se ouvem canções de amor perdido,
Multidões reúnem-se nos estádios,
Para cantar as letras, num tom dolorido!

Fazem sucesso as histórias de paixões desvairadas,
Milionários surgem da noite para o dia,
Basta gravar uma música que estoure nas paradas,
Com uma letra chiclete onde até a rima sofria!

Não adianta tentar entender a razão do sucesso
De algumas músicas apenas com rimas batidas,
Pois ninguém reclama do preço do ingresso,
E a plateia canta junto a história das paixões proibidas...

Vídeo relacionado: Joanna - Momentos
https://www.youtube.com/watch?v=yIgAJAKmyzo

<u>CRATERA</u>

Abri os olhos, por tanto tempo vendados,
E descobri que a felicidade é uma ilusão,
Vendida nos filmes românticos e novelas,
Onde mostram abundantes momentos felizes,
Entre tolos pares românticos apaixonados,
Que servem aos poetas de fonte de inspiração,
Para escreverem as suas estrofes mais belas,
Enquanto escondem do mundo suas cicatrizes...

Por alguns longos anos, eu me deixei iludir,
Mas daquele sonho de amor afinal despertei,
E percebi que a felicidade é apenas uma quimera,
Guardada a sete chaves no baú das recordações,
E pela amarga realidade eu me deixei sacudir,
Pois na verdade não me amava quem tanto amei,
E despenquei então numa profunda cratera,
No fundo da qual sepultei minhas tolas ilusões...

Vídeo relacionado: João Caetano - Triste papel
https://www.youtube.com/watch?v=5z30LSEAd6s

A PRIMEIRA CHUVA DA PRIMAVERA

Nesse primeiro dia de Primavera,

A chuva desce dos céus

Como um presente divino,

Depois desse inverno abrasante

Que abraça o Centro-Oeste brasileiro,

Com dias quentes e noites tórridas!

E, de repente, com a primeira chuva,

A Natureza agradece,

E gentilmente nos oferece uma doce visão:

Ipês multicoloridos, bougainvilles,

Antigas garapas, jatobás, palmeiras,

Flamboyants, quaresmeiras, paineiras,

Nessa cidade mais arborizada do Brasil,

Onde são cultivadas e protegidas,

Pois para derrubar uma árvore qualquer,

É necessária uma autorização especial,

Após verificação da necessidade de sacrificá-la,

Pela Amma, Agência Municipal do Meio-Ambiente,

Responsável pela manutenção da exuberante Natureza
Da linda Goiânia, no coração do Centro-Oeste,
Onde os habitantes cultivam o amor pelas árvores...

Vídeo relacionado: **Black - Wonderful life**
https://www.youtube.com/watch?v=70OpKGAVo_M

UM VERSO A BAILAR

Esse verso que insiste em bailar,
Dançando em minha mente,
Deseja revelar coisas sobre o amor,
E simplesmente não quer ir embora!

Esse verso, segredos quer desvendar,
Mistérios que guardo intimamente,
E que revelam o motivo da minha dor,
Mas por que ele chegou, tão fora de hora?

O que esse verso bendito quer contar,
Com suas palavras inauditas?
Por que insiste em querer elucidar
Intimidades a ninguém nunca ditas?

Ah, verso infame, vê se desconfia!
Procure outros poetas desocupados,

Faça algum arranjo com a própria Poesia,
Para divulgar de outra pessoa os pecados...

Vídeo relacionado: **Simone - Que queres tu de mim?**
https://www.youtube.com/watch?v=mDITrZ-Hrq0

<u>SERES SÓRDIDOS</u>

Políticos são maquiavélicos,
Sempre a urdirem novas trapaças,
Tentando ganhar algumas propinas,
Em troca de favores por baixo dos panos.
Dentro de seus gabinetes de fachada,
Nada há, senão armações e tramoias,
Não são, na verdade, representantes do povo,
Mas de seus próprios interesses escusos.
Não têm interesse em cumprir suas promessas,
Que foram feitas unicamente para angariarem votos,
Contam-se nos dedos os que realmente trabalham
Para resolverem interesses de sua cidade, Estado ou do
próprio país.
Na calada da noite, ou em plena luz do dia,
Esses seres sórdidos confabulam com bandidos
Ou com empresários ansiosos por enriquecimento
rápido,
E arquitetam planos para ganharem dinheiro fácil,

Pois já descobriram todos os meios para escaparem
ilesos.
E, mesmo quando são pegos com malas de dinheiro,
O máximo que lhes acontece é ficarem pouco tempo
presos,
Pois as redes de contatos interessadas em dinheiro
ilícito,
Algumas delas infiltradas nos mais altos cargos da
República,
Logo dão um jeito de libertá-los, em troca de altas
propinas.
E assim o tempo vai se passando:
Em cada nova eleição, esses sujeitos se lembram dos
eleitores,
E fazem novas promessas que jamais cumprirão,
Em seus discursos cheios de palavras vazias,
Xingam e acusam os adversários políticos,
Como se eles mesmos não fossem culpados

Até o último fio de cabelo (se ainda o tiverem!),
De surrupiarem todos os recursos públicos à sua
disposição...

Vídeo relacionado: **Danny Shann - Your love**
https://www.youtube.com/watch?v=sqxbZq7d86Q

<u>NÃO É ADEUS AINDA</u>

Preciso me ausentar por um tempo,

Para respirar novos ares,

Reencontrar a Poesia,

Que há algumas semanas sumiu,

Deixando-me de pé quebrado,

Assim como as poucas rimas

Que ainda me ocorrem.

Mas não é adeus ainda,

Apenas um refresco,

E brevemente voltarei,

Talvez com um ar mais descontraído,

Pois os últimos meses foram tensos,

Tentando entender algo da Política,

Essa coisa torpe e enganadora,

Onde um bando de canalhas

Promete coisas que jamais cumprirá,

E outro bando, esse de trouxas,

Acredita na estupidez e mentiras do que ouvem.

Por tudo isto, cheguei quase ao fundo

Daquele poço que vive no fundo de mim,

E fica me espreitando,

Esperando que eu me atire,

Num momento de desespero ou de desengano...

Desculpe pela breve ausência,

Mas qualquer dia eu volto,

Talvez com notícias boas,

Ou, quem sabe, de espírito renovado,

Pronto para enfrentar novos desafios,

Descobrir novos sonhos ou projetos,

E redescobrir a Poesia,

Que em meus sonhos submergiu

E pediu um tempo até que volte,

O mesmo tempo que lhe peço agora,

Pois sem ela, não sou ninguém...

Vídeo relacionado: Laura Pausini - It's not goodbye
https://www.youtube.com/watch?v=fTL8Xj8oGD8

BOCAS VORAZES

Nossas bocas vorazes
Devoram-se entre os lençóis
E ao ver do que somos capazes
Teus olhos brilham como dois sóis

Vídeo relacionado: **The Magnetic Sounds - Erotika #3**
http://www.youtube.com/watch?v=yx5joaVDBTA

<u>RECONSTRUÇÃO</u>

Reconstruí minhas memórias,
Apagando coisas que queria esquecer,
Dei uma repaginada em algumas histórias,
Excluindo detalhes que não queria rever,
Fui fundo em minhas lembranças,
Revirando páginas há muito esquecidas,
Em algumas de minhas tantas andanças,
Recuperei memórias que julgava perdidas...
E ao final desse processo de reconstrução,
Em meu HD interno, dei uma profunda limpeza,
E, nos *backups* que resolvi arquivar,
Não restaram mais quaisquer traços de tristeza,
Somente as lindas histórias que jamais poderia apagar!

Vídeo relacionado: **Kitty Cleveland - A kiss to build a dream**
https://www.youtube.com/watch?v=hv8rOhCN6-0

<u>EM FOGO</u>

Teu corpo nu,

Ardendo em fogo,

Revela-me que tu

Entraste em meu jogo,

Como comprova

A tremura em tuas pernas,

A me inspirar outra trova

Sobre essas noites eternas…

Vídeo relacionado: **George Valde - Body to body**
https://www.youtube.com/watch?v=0aASMNnW3cQ

<u>CHUTES</u>

Chutes o meu cadáver, se quiseres,

Esqueças que algum dia existi,

Só respiro por aparelhos,

Pois não sei viver longe de ti,

Perdoarei tudo o que fizeres,

Mesmo com meus olhos vermelhos,

Mas meu coração bate a conta-gotas,

Devagar, quase parando,

Pois perdeu a vontade de viver,

No meio de tantas pessoas escrotas,

E desses versos que vão definhando,

Assim como minha respiração,

Que quase já não se escuta,

Entre rimas que perderam a cadência,

Eras a fonte de minha inspiração,

Que mal se sustenta, de tão diminuta,

Sob o peso sem fim de tua ausência...

Vídeo relacionado: **Lane Brody - Over you**
https://www.youtube.com/watch?v=xFvdggBFaeU

ATRAVÉS DE MEUS DEDOS

Falo pouco,

Mas as palavras fluem

Através de meus dedos,

Nesse torvelinho louco,

Contando histórias que não se concluem,

Pois guardam ainda incontáveis segredos,

Jamais revelados ao mundo,

Que talvez não os compreenda,

E os condene sem compaixão,

Sem perceberem que, no fundo,

Não esperam que alguém os entenda,

Pois apenas refletem uma doce paixão...

Vídeo relacionado: **Joanna - Tua fera**
https://www.youtube.com/watch?v=tMaDO_dymWE

<u>ALMAS REUNIDAS</u>

Nossas almas se buscavam
Pelas avenidas dos sonhos,
E em vão se procuravam,
Entre pesadelos medonhos,
Até que um dia se encontraram,
Numa festa estranha qualquer,
E nunca mais se desgarraram,
Nem por um instante sequer!
E assim começou essa história,
Cheia de momentos felizes,
Da nossa linda trajetória,
Sem colecionarmos cicatrizes,
E essas almas complementares,
Que uma à outra se juntaram,
Pois almas sempre andam aos pares,
E nunca mais se separaram,
Repartindo-se, na tristeza e na bonança,
Entremeadas, uma para a outra nascidas,

Compartilhando amor e esperança,
Para sempre enfim reunidas...

Vídeo relacionado: **Johnny Rivers - Look to your soul**
https://www.youtube.com/watch?v=CdnHhDvOOt0

<u>CADA DETALHE</u>

Conheço cada detalhe
De teu corpo lascivo,
Que explorei em minúcias,
Milímetro a milímetro,
E sei de todos os pontos fracos
Que te provocam arrepios
E gemidos alucinantes,
De pura entrega
E desejo...
Sem pressa percorro
Tuas colinas e vales
Sedentos,
Ardentes,
E ao final de cada viagem
Dessas explorações minuciosas,
Tu me olhas com amor

E me confessas chorando
Que não vives sem mim...

Vídeo relacionado: **Ana Carolina - Nua**
https://www.youtube.com/watch?v=TVS5S7odHhY

IRREAL

A felicidade era minha vizinha,
Mas não passava de ilusão,
E, naquele mundo irreal,
Onde eu me deixei iludir,
Pelos teus sorrisos falsos
Como uma nota de trinta,
A felicidade nunca foi minha,
Era apenas um truque de prestidigitação,
Um sonho louco que chegou ao final,
Tão logo eu deixei de me deixar seduzir
E pisar sobre brasas com os pés descalços,
Ao perceber que a antiga paixão fora extinta...

Vídeo relacionado: **Jake Bugg - Broken**
https://www.youtube.com/watch?v=6g2YrKqDQyYHB

<u>INEBRIADOS</u>

Fico inebriado
Com teu beijo molhado,
Que me deixa embriagado,
E por demais excitado...

Teus olhos marejados,
De amor encharcados,
Sugerem em minha mente pecados,
Nunca antes imaginados...

Tua pele ardente
E teu olhar incandescente
Enlouquecem-me lentamente,
Com esse apelo silencioso, mas inclemente...

E os dias vão se passando,
E teus braços seguem me aprisionando,

Enquanto sigo em brasas, mas te evitando,
Só não sei até quando...

Vídeo relacionado: **Michelle Wright & Jim Brickman - Your love**
http://www.youtube.com/watch?v=U4jIQ7Ct5SI

UM DIA NADA ESPECIAL

Não era um dia nada especial,

Sem motivo de festa ou risadas,

Nenhuma notícia boa no jornal,

Só velhas notícias requentadas,

Quando de repente eu te conheci,

E no mesmo instante eu soube,

Que minha vida para sempre mudara,

E daquele dia jamais me esqueci,

E o sorriso largo em minha face não coube,

Tão absurdo que riste da minha cara,

Mas imediatamente eu te reconheci

Dos sonhos onde sempre estiveras,

Visitando-me e provocando o mesmo sorriso,

Porque enchias de sonhos o meu próprio sonho,

E com aquela tua mirada tão rara,

Transmutaste meus invernos em primaveras,

E só de bater o olhar em teu rosto preciso,

Eu soube que nunca mais seria tristonho,

Pois o meu próprio sonho me encontrara...

Vídeo relacionado: **David Gates - Find me**
<u>http://www.youtube.com/watch?v=_ETMCwO7ATo</u>

<u>DREAMING OF YOU</u>

I dream of you
With my eyes opened!
Oh, such a wonderful dream
In this beautiful night!

In one month or two,
You'll be in my bed,
And you know what I mean:
I'll be a guide for your light!

We'll be a couple then,
Sharing all our hopes,
Thru our entire lives,
Building a family in a sweet home...

You'll be my girl, I'll be your man,
Sharing microscopes and telescopes,

While the future gently arrives,
Until our last day finally come...

Vídeo relacionado: **Cigarettes After Sex - Dreaming of you**
https://www.youtube.com/watch?v=e5YL37h_w4Q

ÍNDICE

ÍNDICE ALFABÉTICO

ÍNDICE DE VÍDEOS

Outros livros do autor, todos eles publicados no Clube de Autores e na Amazon, em versão impressa e digital:

001. **OS OCEANOS ENTRE NÓS**
002. **PÁSSARO APEDREJADO**
003. **CABRÁLIA**
004. **NUNCA TE VI, MAS NUNCA TE ESQUECI**
005. **SOB O OLHAR DE NETUNO**
006. **O TEMPO QUE SE FOI DE REPENTE**
007. **MEMÓRIAS DE UM FUTURO ESQUECIDO**
008. **ATÉ A ÚLTIMA GOTA DE SANGUE**
009. **EROTIQUE**
010. **NÃO ME LEMBREI DE ESQUECER DE VOCÊ**
011. **ATÉ QUE A ÚLTIMA ESTRELA SE APAGUE**
012. **EROTIQUE 2**
013. **A CHUVA QUE A NOITE NÃO VIU**
014. **A IMENSIDÃO DE SUA AUSÊNCIA**
015. **SIMÉTRICAS – 200 SONETOS (OU COISA PARECIDA) DE AMOR (OU COISA PARECIDA)**
016. **AS VEREDAS ONDE O MEU OLHAR SE PERDEU**
017. **A MAGIA QUE SE DESFEZ NA NOITE**
018. **QUAL É O SEGREDO PARA VIVER SEM VOCÊ?**
019. **OS TRAÇOS DE VOCÊ**
020. **STRADIVARIUS**
021. **OS SEGREDOS QUE ESCONDES NO OLHAR**
022. **ATÉ SECAREM AS ÚLTIMAS LÁGRIMAS**
023. **EROTIQUE 3**
024. **OS POEMAS QUE JAMAIS ESCREVI**
025. **TUA AUSÊNCIA, QUE ME DÓI TANTO**
026. **OS DRAGÕES QUE NOS SEPARAM**
027. **O VENTO QUE NA JANELA SOPRAVA**
028. **EROTIQUE 4**
029. **A NOITE QUE NÃO TERMINOU NUNCA MAIS**

COMENTÁRIOS DE OUTROS ESCRITORES SOBRE POEMAS DESTE LIVRO:

Marisa (a)Penas: Assim um poeta fala!!!
Nardélio F. Luz: De médico, poeta e louco, todo mundo tem um pouco. Show, meu amigo!
Inacia Maria: Maravilhosa partilha!
Nadja Silva Sánchez: Fantástico! A vida é uma música, e a letra é a nossa história.
Vanessa Lima: Muitíssimo lindo.
Jorge Andrade: Fantástico, ilustre poeta.
Sandra Fayad: Muito bom!
(**"NOS OLHOS DE UM POEMA"**)

Patricia Jesus: Excelente publicação.
Vanessa Lima: Magnífico.
Nadja Silva Sánchez: Fantástico!
Inacia Maria: Que maravilha!
(**"NARRATIVAS"**)

Vanessa Lima: Maravilhoso.
Nadja Silva Sánchez: Lindo demais...
Vanessa Lima: Maravilhoso.
Inacia Maria: Que maravilha!!!
(**"ARTE"**)

José M. Ferreira: Belíssimo... Uma 'imensidão' de grandes verdades e realidades... Nadja Silva Sánchez: Maravilhoso!
Inacia Maria: Excelente partilha!

Vanessa Lima: Fantástico.
(**"UM RIO"**)

Rosaly Lima Fleury: O melhor de toda viagem é o caminho... de carona só levamos o que é essencial. Lindíssimo! Gratidão...
Elizabeth Loureiro Euclydes: Maravilhoso.
Vanessa Lima: Que maravilha!!!
Nadja Silva Sánchez: Sensacional... Divina publicação...
Inacia Maria: Que maravilha!!!
(**"VIAGEM INTERROMPIDA"**)

Nadja Silva Sánchez: Perfeito!!!
Vanessa Lima: Excelente.
Inacia Maria: Maravilhosa partilha!
Patricia Jesus: Excelente publicação.
(**"DEGRADAÇÃO"**)

Nadja Silva Sánchez: Simplesmente fascinante seu escrito... Os sonhos fazem-nos viajar e nos encontrarmos com o nosso próprio coração!
Gilsa Dias: Lindo demais, caro amigo!! Gratidão pela partilha de tão lindos versos!!
Vanessa Lima: Que maravilha!!!
Flor De Maio: Lindíssimo!
Inacia Maria: Que maravilha!!!
(**"DESDE AQUELA NOITE"**)

Vanessa Lima: Fabuloso escrito amigo Poeta querido.
Patricia Jesus: Maravilhoso!

Nadja Silva Sánchez: Magnífico!
Inacia Maria: Maravilhosa partilha, nobre poeta!
("PELOS CANAIS DE VENEZA")

Rosaly Lima Fleury: Lindíssimo versar! Gratidão, poeta!
Nadja Silva Sánchez: Sensacional!
Inacia Maria: Belíssima partilha!
Vanessa Lima: Fabuloso.
("UM PONTO FORA DA CURVA")

SOBRE O AUTOR

Engenheiro Eletricista pela Universidade de Brasília por formação, Analista de Sistemas por opção, poeta por destino, casado, 2 filhos e 1 neto, apreciador de boa música, cinema, literatura, HQs, seriados e amigos (não necessariamente nesta ordem).

Participante das antologias:

- **"Declame para Drummond 2012"** (2012), com o poema **"Máscaras"**;
- **Antologia 2015 – Literatura Goyaz"** (2015), com os poemas **"Os oceanos entre nós"** e **"Morpheus"**;
- **"Desafio"** (2016), com os poemas **"Finito"**,**"De solidão e de sonhos"** e **"Olhar"**;
- **"Dez Poetas e Eu Vol. 3"** (2016), com os poemas **"Átimo"**, **"Diário"**, **"Julgamento"**, **"Roleta russa"**, **"Buracos negros"**, **"Paronímia"**, **"As últimas gotas de orvalho"**, **"Repositório"**, **"Simplesmente você"** e **"Quando eu te conheci"**; e
- **"Raiz da Poesia"** (2017), com os poemas **"Os segredos que escondes no olhar"**, **"Borboleta"**, **"Autópsia"**, **"La nuit"**, **"O tio da suspeita"**, **"Aldebaran"** e **"Os sons do silêncio"**.

Links dos livros:

- Clube de Autores: **https://clubedeautores.com.br/books/search? what=MARCOS+AVELINO+MARTINS&where=books&topic=&type=printed&sort=created_at**

- **Amazon:**

https://www.amazon.com/s?rh=n %3A283155%2Cp_27%3AMARCOS+AVELINO+MARTINS &s=relevancerank&qid=1506132693&ref=sr_pg_1

Homenageado com uma seção na página do **Templo Cultural Delfos**, relicário da Literatura, com 50 poemas.

http://www.elfikurten.com.br/2016/08/marcos-avelino-martins.html?m=1

MULTIMÍDIA:

• Ao final de cada poema, há um código de barras apontando para um belo vídeo do Youtube. Basta abri-lo com um aplicativo de celular ou *tablet*, como o *QR Code Reader*. A *playlist* completa está no link abaixo.

https://www.youtube.com/watch?v=GdIvBraI8TY&list=PLYz0k0wZjNsSkhn6zuA9WChnhbMFfAXNR

www.ingramcontent.com/pod-product-compliance
Lightning Source LLC
LaVergne TN
LVHW031426170726
843492LV00009B/2880